À LA FERME
LES CANARDS

Sally Morgan

Texte français du Groupe Syntagme inc.

Éditions **Scholastic**

Copyright © QED Publishing, 2007.
Copyright © Éditions Scholastic, 2009, pour le texte français.
Tous droits réservés.

Il est interdit de reproduire, d'enregistrer ou de diffuser, en tout ou en partie, le présent ouvrage par quelque procédé que ce soit, électronique, mécanique, photographique, sonore, magnétique ou autre, sans avoir obtenu au préalable l'autorisation écrite de l'éditeur. Pour toute information concernant les droits, s'adresser à QED Publishing, 226 City Road, Londres EC1V 2TT, R.-U., une division de Quarto Group Company.

Édition publiée par les Éditions Scholastic, 604, rue King Ouest, Toronto (Ontario) M5V 1E1

5 4 3 2 1   Imprimé en Chine   09 10 11 12 13

Catalogage avant publication de Bibliothèque et Archives Canada

Morgan, Sally
  Les canards / Sally Morgan ; illustrations de Chris Davidson.

(À la ferme)
Traduction de: Ducks.
Comprend un index.
Niveau d'intérêt selon l'âge: Enfants de 4 à 8 ans.
ISBN 978-0-545-98863-6

1. Canards--Ouvrages pour la jeunesse. I. Davidson, Chris II. Titre.

SF505.3.M6714 2009   j636.5'97   C2008-905374-5

Texte : Sally Morgan
Conception graphique : Tara Frese
Recherche de photos : Nic Dean
Illustrations : Chris Davidson
Direction artistique : Zeta Davies

Références photographiques

Légende : h = haut, b = bas, c = centre, g = gauche, d = droite, PC = page couverture, CA = couverture arrière

Alamy / Renee Morris 5 / Arco Images 8, 9, 22 / Oote Boe Photography 11 / Papilio 12 hg / Chris George 16 hg / Beaconstox 19; **Ardea** / John Daniels page titre, 10 / Andy Teare 6; **Corbis** / Randy M. Ury PC / A. Inden 15 ch / Keren Su 16 bd / 18 bg Reuters; **Ecoscene** Sally Morgan 17 hd; **FLPA** / Flip De Nooyer / Foto Natural 5 bg / Frank W. Lane 17 bg; **Getty Images** G. K. Hart / Vikki Hart / The Image Bank CA / altrendo nature 4 / Dave King / Dorling Kindersley 12 bd / Luzia Ellert / StockFood Creative 13 / Guy Edwardes / The Image Bank 14 / www.Korean-arts.com 18 hd; **Photolibrary Group Ltd** 7

TABLE DES MATIÈRES

Les canards à la ferme	4
Le canard, du bec à la queue	6
Une vie de canard...	8
Des canards qui barbotent	10
Des œufs et de la viande	12
Bien au chaud!	14
Toutes sortes de canards	16
Canards et traditions	18
Coquin petit canard	20
Glossaire et index	22
Idées à l'intention des enseignants et des parents	24

Les mots en **gras** figurent dans le glossaire, à la page 22.

Les canards à la ferme

Sais-tu d'où viennent les douces plumes des **couettes** et des oreillers bien douillets? Beaucoup de ces plumes viennent des canards.

Une cane nageant avec ses canetons.

Un groupe de canards d'Aylesbury

INFO-FERME
Les canards peuvent voir presque tout autour d'eux sans avoir à tourner la tête.

Partout dans le monde, des fermiers élèvent des canards. Ce sont des oiseaux très utiles. Ils produisent de la viande, des œufs et des plumes. Les canards peuvent aussi aider les fermiers. Ils dévorent beaucoup de limaces et d'escargots qui aiment bien manger les récoltes.

Le canard, du bec à la queue

Les canards les plus gros peuvent atteindre 40 cm de longueur, des épaules à la queue, et peser jusqu'à 6 kg. C'est le même poids que six sacs de sucre.

Œil

Corps recouvert de plumes

Bec

Ailes pour voler

Queue

Pattes palmées pour nager

6

Les plumes de la queue de ce canard sont frisées.

Taille d'un enfant de six ans

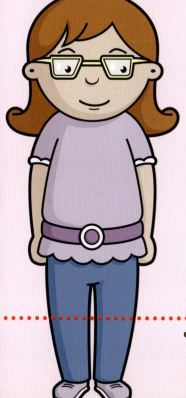

Taille d'un canard

INFO-FERME
Les canards ne cancanent pas tous! Seule la femelle cancane. Le cri du mâle est un son aigu.

On appelle les canards mâles des canards tout simplement, les canards femelles, des **canes**, et les bébés canards, des **canetons**.

Dans certains cas, les mâles sont plus colorés que les femelles, et les plumes de leurs queues sont frisées.

Une vie de canard...

La vie d'un canard commence dans un œuf. La cane pond des œufs dans un nid, puis elle s'installe dessus pour les garder au chaud.

Les canetons **éclosent** après 28 jours. Chaque caneton perce un trou dans sa coquille à l'aide d'une petite dent qu'il a au bout du bec, le diamant. Il casse la coquille et sort de l'œuf. Quelques minutes après l'éclosion, le caneton peut courir.

Ces canetons qui viennent d'éclore ont des plumes duveteuses.

Quand les canetons grandissent, leurs plumes duveteuses sont remplacées par des plumes raides d'adulte.

INFO-FERME
Certains canards vivent très longtemps. Un canard blanc vivant au pays de Galles a atteint l'âge vénérable de 25 ans!

À l'âge d'environ sept semaines, un caneton a déjà toutes ses plumes.

Une cane commence à pondre des œufs à son premier printemps. Les canes peuvent vivre de 2 à 15 ans, selon le nombre d'œufs qu'elles pondent.

Des canards qui barbotent

Les canards aiment jouer dans la boue et se salir! Ils y plantent leur bec pour trouver des petits animaux à manger, comme des vers et des escargots.

Les canards adorent aussi nager. Ils ont de grosses pattes **palmées** qui sont parfaites pour pagayer sous l'eau.

Les canards n'ont jamais froid aux pattes.

INFO-FERME

Les canards nettoient leurs plumes et les peignent avec leur bec. On dit qu'ils se **lissent** les plumes. Ils étendent sur leur corps une huile produite par une **glande** qui se trouve près de leur queue. Ainsi leurs plumes n'absorbent pas l'eau.

Parfois, le canard plonge dans l'eau. On ne voit plus que le bout de sa queue pointée dans les airs. On dit qu'il **barbote**.

Un canard plonge de cette façon pour atteindre le fond de l'étang et se nourrir.

Des œufs et de la viande

Les canes pondent de gros œufs blancs. Ils sont environ deux fois plus gros que les œufs de poule. La plupart des canes ne pondent qu'au printemps et en été; mais certaines pondent des œufs pendant toute l'année.

Une bonne pondeuse peut pondre plus de 300 œufs en un an! On peut manger les œufs de cane tout comme les œufs de poule.

Les œufs de cane peuvent servir à faire de délicieux gâteaux.

Le canard est souvent utilisé dans la cuisine chinoise.

INFO-FERME
Le nombre d'œufs qu'une cane pond dépend de la quantité de lumière du jour à laquelle elle est exposée. Plus il y a de lumière, plus il y a d'œufs!

Certains types de canards deviennent très gros, comme les canards Aylesbury et Pékin. Ces canards sont élevés pour leur viande dans des fermes spéciales que l'on trouve en grand nombre en Asie du Sud-Est et en Chine. Ces canards grandissent vite et deviennent très gros!

Bien au chaud!

Un colvert en vol

Un canard possède différents types de plumes. Une couche de plumes lisses recouvre son corps. Les longues plumes de ses ailes s'appellent des rémiges; c'est grâce à elles qu'il peut voler. De petites plumes très légères, qu'on appelle le duvet, sont collées contre sa peau.

Un duvet d'eider est un type de couette remplie de duvet. Il tient son nom de l'eider, une sorte de canard.

INFO-FERME
Un colvert peut décoller de l'eau quasiment **à la verticale** (vers le haut). Cela veut dire qu'il peut passer par-dessus les arbres qui poussent au bord de l'eau sans les toucher.

L'eider est un canard sauvage qui vit dans des endroits froids où la température tombe sous le point de congélation. Ses plumes sont très, très chaudes!

Toutes sortes de canards

COUREUR INDIEN
C'est un grand canard qui se tient debout très droit. On le surnomme le « canard pingouin » parce qu'il se tient un peu comme un pingouin.

MAYA
Le canard Maya vient de Chine. Les paysans rassemblent des bandes de canards Maya dans les rizières. Les canards mangent les insectes et autres petits animaux qui ravagent la plantation. Ils protègent ainsi la récolte.

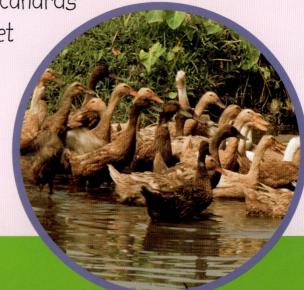

MAGPIE

Ce canard a des plumes blanches ornées de taches bleu gris sur la tête et le corps. La cane pond des œufs bleus.

HUPPÉ

Le canard **huppé** a une touffe de plumes sur la tête. Certains ont l'air de porter des petits chapeaux! Les canards huppés ont des couleurs variées.

Canards et traditions

CORÉE

En Corée, selon la **tradition**, on offre une paire de canards **sculptés** aux mariés pour leur porter chance. Si le couple est heureux, il place les canards face à face. S'il est malheureux, il les place dos à dos.

SINGAPOUR

Partout dans le monde, on fait des courses de canards. À Singapour, on lâche des canards en plastique sur une rivière et ils suivent le courant. Le propriétaire du canard qui franchit la ligne d'arrivée le premier gagne un prix.

CHINE

Chaque automne, les Chinois célèbrent la fête de la lune. La tradition veut que l'on mange des gâteaux de lune pendant le festival. Il y a divers types de gâteaux de lune. Au centre de l'un d'eux se trouve un jaune d'œuf de cane cuit. Les gens mangent les gâteaux le soir, à la pleine lune.

Coquin petit canard

Fabrique un joli canard aux couleurs vives. Tu auras besoin d'une assiette en papier, d'une feuille de papier jaune, d'une feuille de carton orange, d'un crayon, de peinture, d'un pinceau, de ciseaux, de colle, de plumes (optionnel) et d'un stylo noir.

1 Peins un côté de l'assiette en papier en jaune. Plie l'assiette en deux. Le coté jaune doit être à l'extérieur. Appuie fermement le long du pli.

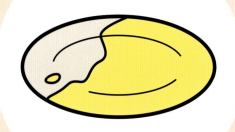

2 Place la feuille de papier jaune sur une table et, avec un crayon, trace le contour de ta main deux fois.

3 Demande à une grande personne de découper les deux formes de main. Colle-les à un bout de l'assiette, de chaque côté. Ce sont les plumes de la queue.

4 Dessine un bec et des pattes palmées sur le carton orange. Demande à une grande personne de les découper, puis colle-les sur l'assiette.

5 Peins des ailes de chaque côté de l'assiette. Si tu as des plumes, colle-les sur les ailes. Dessine ensuite deux yeux avec le stylo noir.

Glossaire et index

à la verticale   tout droit vers le haut ou vers le bas

barboter   pour un canard, plonger le bec dans la boue sous l'eau à la recherche de nourriture

cane   femelle du canard

canetons   petits de la cane

couette   grand couvre-lit rempli de plumes qui te tient au chaud la nuit

éclore   pour un caneton, casser la coquille de l'œuf pour en sortir

glande   partie du corps du canard qui produit une huile spéciale rendant ses plumes à l'épreuve de l'eau

huppe   touffe de plumes qui poussent sur la tête d'un canard

lisser   pour un canard, nettoyer ses plumes avec son bec

palmées   dont les doigts sont réunis par un morceau de peau, ce qui facilite la nage

sculpté   taillé avec un couteau ou une lame affilée

tradition   coutume ou façon de faire que des parents transmettent à leurs enfants, qui les transmettront à leur tour à leurs enfants

ailes 6, 14

barboter 11, 22
becs 6, 8, 10

canard colvert 14, 15
canard Magpie 17
canard Maya 16
canards d'Aylesbury 5, 13
canards mâles 7, 9, 14, 22
canards Pékin 13
« canards pingouins » 16
cancaner 7
canes 7, 8, 9, 12, 17
canetons 4, 7, 8, 9, 22
Chine 16, 19
Corée 18
couette 4, 15, 22
coureurs indiens 16
courses de canards 18

décollage à la verticale 15
duvet 14
duvet d'eider 15

éclore 8, 22
eider 15
escargots 5, 10

gâteaux 12, 19
gâteaux de lune 19
glande 11, 22

huppé 17, 22

limaces 5

nourriture que produisent les canard 5, 12, 13
nourriture que mangent les canards 5, 10, 11, 16

œufs 5, 8, 9, 12, 13

pattes palmées 6, 10, 22
plumes 4, 5, 6, 11, 14, 15, 17
plumes, canards mâles 7
plumes, canetons 8, 9

rémiges 14

sculptés 18, 22
se lisser les plumes 11
Singapour 18

traditions 18, 19, 22

vers 10
viande 5, 13

Idées à l'intention des enseignants et des parents

- Trouvez des lectures sur les différentes races de canards. Faites des fiches de renseignements sur les races préférées des enfants. Renseignez-vous pour connaître les races qui sont utilisées pour la viande et celles qui sont élevées pour les œufs.

- Visitez un centre d'oiseaux aquatiques ou de volailles où les enfants peuvent voir diverses races de canards. Une période intéressante est la fin du printemps ou le début de l'été, quand il y a des canetons en plus des canards adultes. Certains centres permettent aux enfants d'entrer dans la salle des incubateurs pour voir les canetons éclore.

- Visitez des étangs de la région avec les enfants pour observer les canards sauvages.

- Examinez le contenu d'un oreiller de plumes. Prenez une des plumes et regardez comment elle est faite. Gonflez l'oreiller ou la couette en duvet de canard pour montrer comment les couettes et les oreillers emprisonnent l'air et vous aident à rester bien au chaud.

- Faites un collage représentant un canard. Prenez une grande feuille de papier blanc sur laquelle vous dessinerez le contour d'un canard. Fouillez dans de vieux magazines et découpez toutes les images de canards, de canetons et de plumes que vous trouverez. Rassemblez des retailles de tissus et des plumes naturelles ou artificielles. Collez tout ce que vous aurez trouvé sur le dessin pour faire un canard aux couleurs éclatantes!

- Faites une recherche des mots clés relatifs aux canards du présent livre.

- Comparez les œufs de cane et les œufs de poule. On peut acheter des œufs de cane dans certains supermarchés ou des fermes. Pesez un œuf de cane. Voyez comme il se casse facilement. Comparez son poids et sa fragilité à ceux d'un œuf de poule. Faites deux portions d'œufs brouillés, une avec des œufs de cane et l'autre avec des œufs de poule. Demandez aux enfants si leur goût est différent.

- Demandez aux enfants de penser aux noms de canards célèbres qu'ils ont vus dans des livres, dans des poèmes et dans des dessins animés, par exemple Le vilain petit canard d'Andersen ou Donald le canard de Disney. Encouragez-les à écrire un poème sur les canards.

NOTA
- Assurez-vous qu'aucun des enfants n'a une intolérance aux œufs avant d'entreprendre l'activité avec les œufs brouillés susmentionnée.